This book belongs to

Illustrations by Paula Knight (Advocate)
English language consultant: Betty Root

This is a Parragon book
This edition published in 2003

Parragon
Queen Street House
4 Queen Street
BATH, BA1 1HE, UK

ISBN   1-40540-814-6

Printed in China

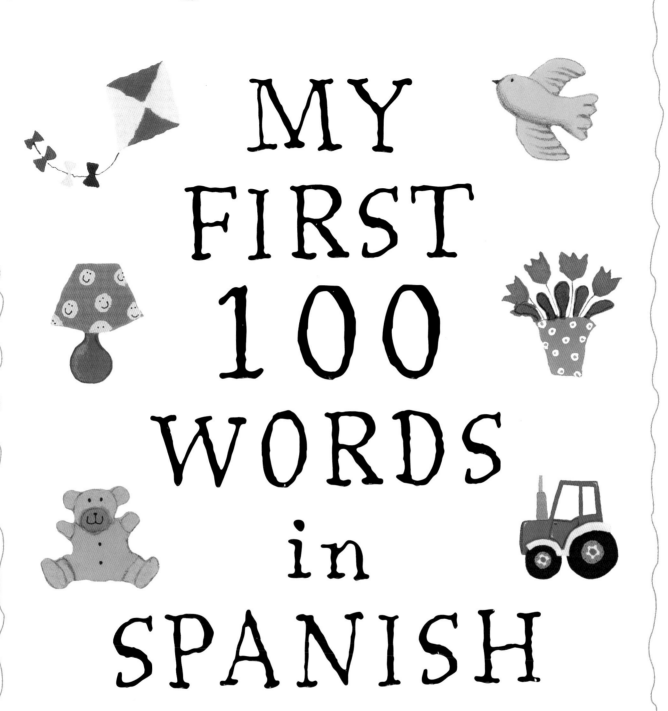

MY FIRST 100 WORDS in SPANISH

A first Spanish-English word book

p

Mi familia
My family

Mamá
Mum

Papá
Dad

el hermano
brother

la hermana
sister

el bebé
baby

la abuela
grandma

el abuelo
grandpa

el perro
dog

En mi casa
In my home

la puerta
door

la ventana
window

la alfombra
rug

la televisión
television

la silla
chair

el sofá
sofa

la mesa
table

las flores
flowers

Mi ropa
Getting dressed

la camiseta

vest

las bragas

pants

el pantalón corto

shorts

los pantalones

trousers

la falda
skirt

los calcetines
socks

los zapatos
shoes

la camisa
shirt

el jersey
jumper

La comida
Mealtime

el tazón
bowl

el plato
plate

la jarra
jug

el cuchillo
knife

el tenedor
fork

la cuchara
spoon

la taza
cup

el platillo
saucer

La hora de jugar
Playtime

el tren
train

la Trompeta
trumpet

el tambor
drum

los bloques de madera
blocks

la caja sorpresa
jack-in-the-box

la muñeca
doll

las pinturas
paints

el rompecabezas
puzzle

En la ciudad
In the town

el autobús
bus

el camión
lorry

la tienda
shop

la bicicleta
bicycle

el coche
car

la silla de niño
pushchair

el camión de los bomberos
fire engine

la moto
motorcycle

En el parque
In the park

los columpios
swings

el tobogán
slide

el balancín
see-saw

el balón
ball

la verja
gate

el árbol
tree

el pájaro
bird

la cometa
kite

Junto al mar
At the seaside

el cubo
bucket

la pala
spade

el helado
ice cream

el pez
fish

el castillo de arena
sandcastle

el camisero
t-shirt

el cangrejo
crab

el barco
boat

la concha
shell

En las tiendas
At the shops

la cesta
basket

el carrito
trolley

los plátanos
bananas

las manzanas
apples

las naranjas
oranges

las zanahorias
carrots

el pan
bread

los tomates
tomatoes

la leche
milk

el queso
cheese

En la granja
On the farm

el caballo
horse

la vaca
cow

el granjero
farmer

el cerdo
pig

la gallina
hen

el gato
cat

la oveja
sheep

el tractor
tractor

La hora del baño
Bathtime

el cepillo de Biethtes
toothbrush

la pasta de dientes
toothpaste

la bañera
bath

el pato
duck

el jabón
soap

la toalla
towel

el orinal
potty

el lavabo
sink

A la cama
Bedtime

la lámpara

lamp

las zapatillas

slippers

la cama

bed

el reloj

clock

el libro

book

la luna

moon

el pijama

pyjamas

el peluche

teddy

Las frases útiles   Useful phrases

Hola	Hello
Adiós	Goodbye
Sí	Yes
No	No
Por favor	Please
Gracias	Thank you
Buenos días	Good morning
Buenas tardes	Good afternoon
Buenas noches	Good night

Sí   No

¿Cómo te llamas?	What is your name?
Me llamo …	My name is …
¿Cómo estás?	How are you?
Muy bien.	I am very well.

¿Dónde vives?	Where do you live?
Vivo en …	I live in …

¿Cuántos años tienes?
How old are you?

Tengo … años.
I am … years old.

Las partes del cuerpo Parts of the body

el pelo
hair

el ojo
eye

la oreja
ear

la nariz
nose

la boca
mouth

el cuello
neck

el brazo
arm

el pulgar
thumb

la mano
hand

el dedo
(de la mano)
finger

la pierna
leg

la rodilla
knee

el dedo (del pie)
toe

el pie
foot

Los días de la semana
Days of the week

lunes	Monday
martes	Tuesday
miércoles	Wednesday
jueves	Thursday
viernes	Friday
sábado	Saturday
domingo	Sunday

Los meses del año
Months of the year

enero	January
febrero	February
marzo	March
abril	April
mayo	May
junio	June
julio	July
agosto	August
septiembre	September
octubre	October
noviembre	November
diciembre	December

Los colores Colours

 **blanco** white

 rojo red

 **negro** black

 **marrón** brown

 **naranja** orange

 **rosa** pink

amarillo yellow

 **morado** purple

verde green

 **azul** blue

Los números Numbers

uno one

dos two

tres three

cuatro four

cinco five

seis six

siete seven

ocho eight

nueve nine

diez ten

11	once
12	doce
13	trece
14	catorce
15	quince
16	dieciséis
17	diecisiete
18	dieciocho
19	diecinueve
20	veinte
30	treinta
40	cuarenta
50	cincuenta
60	sesenta
70	setenta
80	ochenta
90	noventa
100	cien
1,000	mil
1,000,000	un millón

Word list

a

la abuela	*grandmother*
el abuelo	*grandfather*
la alfombra	*rug*
amarillo	*yellow*
el árbol	*tree*
el autobús	*bus*
azul	*blue*

b

el balancín	*see-saw*
el balón	*ball*
la bañera	*bath*
el barco	*boat*
el bebé	*baby*
la bicicleta	*bicycle*
blanco	*white*
el bloque de madera	*block*
la boca	*mouth*
las bragas	*pants*
el brazo	*arm*

c

el caballo	*horse*
la caja sorpresa	*jack-in-the-box*
el calcetín	*sock*
la cama	*bed*
el camión	*lorry*
el camión de los bomberos	*fire engine*
la camisa	*shirt*
el camisero	*t-shirt*
la camiseta	*vest*
el cangrejo	*crab*
el carrito	*trolley*
la casa	*house*
el castillo de arena	*sandcastle*
el cepillo de dientes	*toothbrush*
el cerdo	*pig*
la cesta	*basket*
el coche	*car*
los columpios	*swings*
la cometa	*kite*
la comida	*meal*
la concha	*shell*
el cubo	*bucket*
la cuchara	*spoon*
el cuchillo	*knife*
el cuello	*neck*
la ciudad	*town*

d

el dedo (de la mano)	*finger*
el dedo (del pie)	*toe*

f

la falda	*skirt*
la familia	*family*
la flor	*flower*

g/h

la gallina	*hen*
el gato	*cat*
la granja	*farm*
el granjero	*farmer*
el helado	*ice cream*
la hermana	*sister*
el hermano	*brother*

j

el jabón	*soap*
la jarra	*jug*
el jersey	*jumper*

l

la lámpara	*lamp*
el lavabo	*sink*
la leche	*milk*
el libro	*book*
la luna	*moon*

m

Mamá	*Mum*
la mano	*hand*
la manzana	*apple*
el mar	*sea*
marrón	*brown*
la mesa	*table*
morado	*purple*
la moto	*motorcycle*
la muñeca	*doll*

n/o

la naranja	*orange*
la nariz	*nose*
negro	*black*
el ojo	*eye*
la oreja	*ear*
el orinal	*potty*
la oveja	*sheep*

p/q

la pala	*spade*
el pan	*bread*
el pantalón corto	*shorts*
los pantalones	*trousers*
Papá	*Dad*
el pájaro	*bird*

el parque	*park*
la pasta de dientes	*toothpaste*
el pato	*duck*
el pelo	*hair*
el peluche	*teddy*
el perro	*dog*
el pez	*fish*
el pie	*foot*
la pierna	*leg*
el pijama	*pyjamas*
las pinturas	*paints*
el plátano	*banana*
el platillo	*saucer*
el plato	*plate*
la puerta	*door*
el pulgar	*thumb*
el queso	*cheese*

r

el reloj	*clock*
la rodilla	*knee*
rojo	*red*
el rompecabezas	*puzzle*
la ropa	*clothes*
rosa	*pink*

s

la silla	*chair*
la silla de niño	*pushchair*
el sofá	*sofa*

t

el tambor	*drum*
la taza	*cup*
el tazón	*bowl*
la televisión	*television*
el tenedor	*fork*
la tienda	*shop*
la toalla	*towel*
el tobogán	*slide*
el tomate	*tomato*
el tractor	*tractor*
el tren	*train*
la trompeta	*trumpet*

v

la vaca	*cow*
la ventana	*window*
verde	*green*
la verja	*gate*

z

la zanahoria	*carrot*
la zapatilla	*slipper*
el zapato	*shoe*